Baltique
n
Elbe
Oder
Huns
Danube
Château d'Etzel

Veerle Hildebrandt

Hild

les femmes des Nibelungen

ANSPACH

la racine germanique 'Hild' signifie 'courageux, combatif' et est étymologiquement liée à 'held', 'héros', en allemand ou en néerlandais.

Burg Weltz, Burgondie

KRIEMHILD!
Où est encore passée cette enfant ?
C'est Bertha, un vrai dragon !
Toujours la même histoire! C'est encore à moi de la chercher!
Chut! Elle va nous trouver!
J'ai de bonnes oreilles, Prince Gunther! Hop, dehors, le maître d'armes vous cherche pour votre leçon!
Si tu cherches Kriemhild, elle est ici, en bas.
Bonjour Princesse! Sortez vite de là, vous avez une visite de la plus haute importance...

... Et il est évident que je devrai d'abord récurer ce crottin de cheval !
GUNTHER ! SALE TRAÎTRE !
Kriemhild, arrêtez de jurer ! Ce n'est pas convenable pour une princesse !
Gernaud et Giselher, vous êtes des lâches vous aussi !!!
LÂÂÂCHE !!!
Pourquoi c'est toujours moi qui accueille les visiteurs ennuyeux et pas mes frères ?!
Parce qu'un jour on vous mariera et pas eux !

WAAAAH! FROID!
C'est de votre faute, il y a une demi-heure, il y faisait bon et chaud.
Ne bougez pas!
Je vais abolir tout ça! Avec moi, les filles ne devront plus jamais se marier,
et elles pourront monter à cheval tous les jours, comme les garçons!
Et vous combattrez sur le champ de bataille ?
Non, parce que j'abolirai aussi la guerre!
La vie n'est pas une partie de plaisir, Kriemhild!
Mère!
Reine Ute!
Est-elle enfin prête, Bertha ? À l'avenir, j'espère que ce sera un peu plus rapide!
Et, toi, Kriemhild, arrête de bavarder avec les domestiques.

Il est important qu'ils connaissent leur place. Tout comme toi !
Oui, mère.
Tu es née princesse de Burgondie et cela implique certaines obligations...
Comme devenir reine et gouverner !
Tu peux oublier ça ! Les femmes de notre rang ne règnent pas, elles épousent des souverains et mettent au monde des fils qui régneront après elles !
Je ne trouve pas ça juste, Mère !
Malheureusement, ce que tu penses n'a pas d'importance. Je ne fais pas les règles.
Et pourquoi pas, après tout ?

Ah, enfin!
Les deux soleils de ma vie!
Bonjour, père.
Kriemhild! Te voilà déjà devenue une vraie dame!
L'avais-je trop vantée, mon cher Dietmar ?
Certainement pas, Dankwart!
Dietrich, mon garçon! Dis bonjour à la princesse.
Oui, père.
Enchantée de faire votre connaissance, messire.
Moi de même, Madame.

Bien! Cette formalité accomplie, nous pouvons passer au riesling et discuter de choses intéressantes.
Vous avez de la chance, mon cher! Trois fils et une fille... L'avenir de la Burgondie est radieux! Et avec le célèbre diplomate Hagen de Tronje à vos côtés, la continuité de votre royaume est bien assurée!
Ne reste pas plantée là. Retourne dans ta chambre, Kriemhild!
Venez avec moi, prince Dietrich. Les leçons du jour ne sont pas encore terminées.
Oui, Maître Hildebrand!

Et alors ? Êtes-vous conquise cette fois, Princesse Kriemhild ?
Le prince Dietrich de Berne est un très beau parti !
Hagen !
Il est gentil, mais je ne l'épouserai quand même pas.
Moi, je préfère devenir reine de Burgondie. Gunther n'en a pas envie, de toute façon !
Voilà d'intéressants projets, Princesse !
Je me marierai peut-être pour ne pas devoir tout faire seule. Vous pourrez rester mon conseiller !
J'en suis très heureux, princesse Kriemhild !

Kriemhild
Gernaud
Giselher
Gunther
Dankwart
Ute
Margarita ad Rhenum
La maison royale de Burgondie à Weltz

10 ans plus tard...
Pourquoi père devait-il déjà mourir ? Je ne suis pas encore prêt à être roi !
Surtout, ne change rien, et avec un peu de chance, tout restera comme avant.
Et Hagen s'occupera du reste, comme toujours. C'est la voie la plus sûre !
Vous êtes de fameux héritiers ! C'est Gunther qui est le nouveau roi de Burgondie, pas Hagen !

Voici le testament de Dankwart, roi de Burgondie : 'Ma fidèle épouse Ute pourra rester à Weltz jusqu'à la fin de ses jours et sera prise en charge par nos fils'...
Comme cet homme était bon!
'Ceux-ci recevront chacun leur part d'héritage.'
'Ma fille Kriemhild restera sous leur tutelle et recevra sa part d'héritage dès qu'elle sera mariée à un homme de son rang.'
Pourquoi dois-je attendre jusque-là? Je veux mon héritage maintenant! Je veux voyager et -
Tu dois te marier pour l'avenir de la Burgondie!
Tu réclameras l'argent à ton mari, après!
Kriemhild le sait très bien...
Bien sûr que je le sais, mais cela n'en est pas moins injuste! C'est MON héritage et j'en fais ce que JE veux!
Pourquoi devrais-je attendre le bon vouloir d'un inconnu?!

Kriemhild! Ton comportement arrogant est très déplacé et ne changera rien!
Tu dois te marier pour renforcer le royaume. Avoir un mari puissant aidera la Burgondie…
De plus, une femme avec de l'argent n'est pas envisageable! Que veux-tu en faire? Acheter des vêtements?
L'argent est une affaire d'hommes, Kriemhild! Et tant que vous n'êtes pas mariée, la Burgondie a de toute façon besoin de chaque centime pour sa défense.
Pas pour donner à une princesse célibataire les moyens de faire ce qu'elle veut!

Vous êtes au service de la Burgondie, et non l'inverse!
C'est très clair!

Et il est tout aussi clair que, pour renforcer le royaume, mes couards de frères comptent sur mon mariage, plutôt que sur leur gouvernance!

Quelques mois plus tard...

Taraaa!
Taraa!
Tataaaa!
Taraa!
Tataa!
Taraa!
Tataaa!
OH! On dirait qu'on a une visite importante!
Ils sont obligés de faire tout ce raffut?!
Tu vas adorer ça, mère! C'est un sacré spectacle!
Encore un qui veut nous impressionner pour t'épouser! Il est temps que Gunther te choisisse un mari.
Puisque c'est MOI qui dois l'épouser, et non Gunther, je préférerais le choisir moi-même!

Ça ne marche pas comme ça, Kriemhild.
Gunther sait ce qui est bon pour toi. Et pour la Burgondie!

Toc!
Toc!
Entrez!
Ah, Hagen! Qui est notre nouveau visiteur?
le prince Siegfried de Santen, héritier d'un petit royaume dans les basses terres.
Il est également roi des Nibelungen, une puissante armée itinérante.
LE Siegfried? Celui de la geste du tueur de dragons?
En personne, Madame.

Les histoires édifiantes à son sujet sont légion ! Et, en effet, il y a celle de ce dragon répugnant…
On dit que la bête l'a attaqué et a rôti son cheval ! Fort opportunément, son lourd bouclier de chêne a sauvé notre héros d'une mort atroce dans une mer de flammes…
Puis, il a terminé le travail avec l'épée qu'il avait lui-même forgée.

En triomphant de cette bête, il est devenu le nouveau roi des Nibelungen. Il aurait également acquis un très grand pouvoir…
Au sujet duquel il n'est guère bavard… Mais que j'entends bien découvrir !

Vos frères sont déjà sous le charme de ce Siegfried...
Bien, voyons si ce n'était pas un coup de chance!
Et comment! On ne m'impressionne pas si facilement!

Et encore réussi !
Désolé, Prince Giselher ! Et je suis encore bien meilleur sur cible mouvante !
Voyez !

Madame ?
Je m'appelle Siegfried, de Santen... Enchanté de vous rencontrer !
Un bel oiseau, spécialement pour vous, Madame.
Je préfère mes oiseaux vivants, c'est ainsi qu'ils sont les plus beaux !
Elle préfère ses oiseaux vivants... Quelle femme !
Vous lui plaisez, à n'en pas douter !

Mère, tu ne croiras jamais ce que je viens de vivre!
Dis-moi!
Cet idiot de Siegfried a abattu un oiseau en plein vol, juste à mes pieds!
Il a fait ça?! Pour toi?
Je n'en sais rien! Pauvre petite bête!
Je vais encore faire des cauchemars, par sa faute...
Je trouve ça terriblement romantique!
Romantique?! Tu n'es pas sérieuse?!
Bien sûr que si! Tu n'as certainement pas idée de la difficulté, pour un homme, d'être romantique sans tuer quelque chose!
Ton père a dû tuer beaucoup de Saxons avant que je ne tombe amoureuse de lui!

Vous n'auriez pas dû faire ça, Prince Gunther!
Comment ça?
Échec et mat!
C'est censé être le jeu des rois et c'est toujours mon vassal qui gagne!
Ça, c'est bien vrai!
Hagen a tout intérêt à être ton vassal plutôt que celui de quelqu'un d'autre.
C'est trop d'honneur, princesse Kriemhild!

Un messager vient d'arriver, mon roi !
Les Saxons ont atteint les rives du Rhin. Ils sont prêts à envahir la Burgondie !
Ooooh non ! Oooh non ! Que faire ? Les Saxons sont de retour !
Père a déjà eu tant de problèmes avec eux ! Que faire, Hagen ?
Notre armée ne sera jamais prête à temps ! Nous devons les retarder ! Envoyez un négociateur !
L'attaque est la meilleure défense ! Faites-leur la peau !
Mes guerriers Nibelungen et moi, nous vous aiderons.
Ensemble, nous chasserons les Saxons vers le nord barbare !
Roi Gunther, nous ferions sûrement mieux de négocier...
Tu es notre salut, Siegfried !

C'est décidé, nous attaquons, Hagen!
Mais... mon roi...
Gunther, je crois qu'il n'est pas très raisonnable...
Kriemhild! La guerre est affaire d'hommes!
Je pense que c'est un risque important, Gunther! Ne décidez pas cela impulsivement!
Je n'y crois pas! Ce Siegfried a une influence néfaste sur lui!
Je ne décide jamais rien impulsivement!
Ce blabla n'aboutira à rien de toute façon! Si les Saxons veulent la Burgondie, ils essaieront jusqu'à ce qu'ils soient parvenus à leurs fins, Gunther!

J'ai peut-être été un peu trop dur avec lui, après tout…
Et alors ?! Hagen te sert, et non l'inverse! laisse-le bouder, nous battrons les Saxons sans lui, je te le promets!
À la tienne!

LEVONS NOS VERRES!
À notre glorieuse Burgondie!
Perle du Rhin où coulent le lait et le riesling!
Exterminatrice des Saxons!

Voilà qui les dissuadera de nous attaquer traîtreusement à nouveau!
Nos alliances sont solides! À nous, Burgondes, et à nos puissants alliés, les Nibelungen!
Bravo!
Maintenant que le danger est passé, j'ai d'autres grands projets...
Écoutez ça, chers amis et parents!

J'ai décidé de me marier !
Enfin !
L'heureuse élue n'est autre que la reine Brunehilde d'Yslande, une dame puissante et noble, digne d'un grand souverain comme moi !
BRUNEHILDE D'YSLANDE ?!
Êtes-vous donc devenu complètement fou ! Elle n'est absolument pas faite pour vous !
Mais… Hagen… Je…
Comment parles-tu à ton roi, Hagen ?
Siegfried !
C'est de la folie et vous le savez tous deux ! Vous savez ce qu'on raconte !

Tu es un véritable ami, Siegfried!
Mais ce ne sont que des histoires et Brunehilde n'est qu'une femme.
Si tu as jeté ton dévolu sur elle, je t'aiderai bien sûr à la conquérir!
C'est de la folie!
C'est de la pure folie!
Viens, Kriemhild, laissons les hommes entre eux.
MAINTENANT!
Mais, Mère...
Princesse Kriemhild, attendez!
Merveilleux!
C'est le bouquet! Les choses vont de mal en pis!
Je ne veux pas aller en Yslande sans un gage de votre approbation!

L'été venu...
J'ai hâte de la rencontrer !
Alors, déjà impatient ? J'ai entendu dire que Brunehilde est une femme particulièrement belle... Tu ne vas pas t'ennuyer !

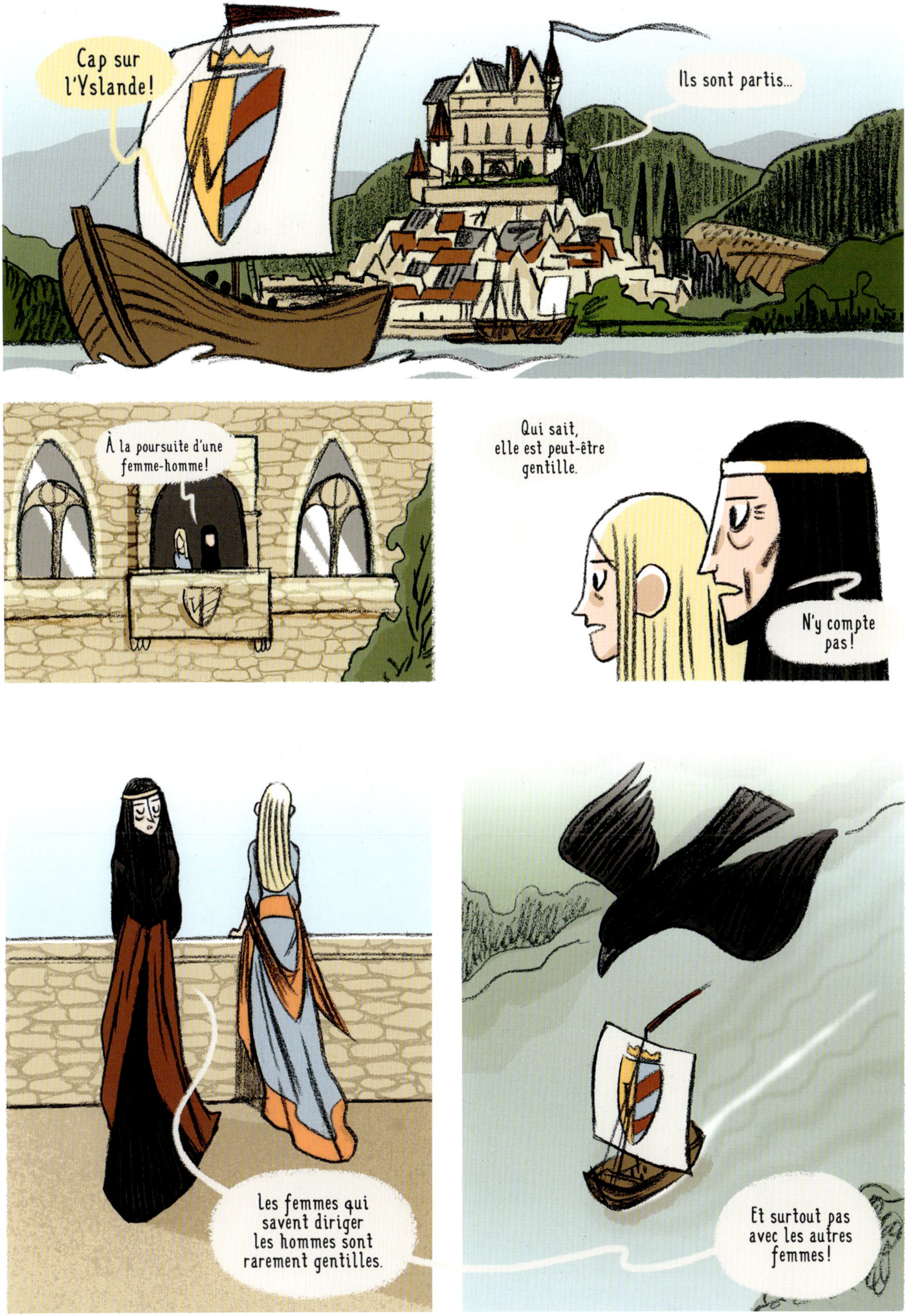
Cap sur l'Yslande!
Ils sont partis...
À la poursuite d'une femme-homme!
Qui sait, elle est peut-être gentille.
N'y compte pas!
Les femmes qui savent diriger les hommes sont rarement gentilles.
Et surtout pas avec les autres femmes!

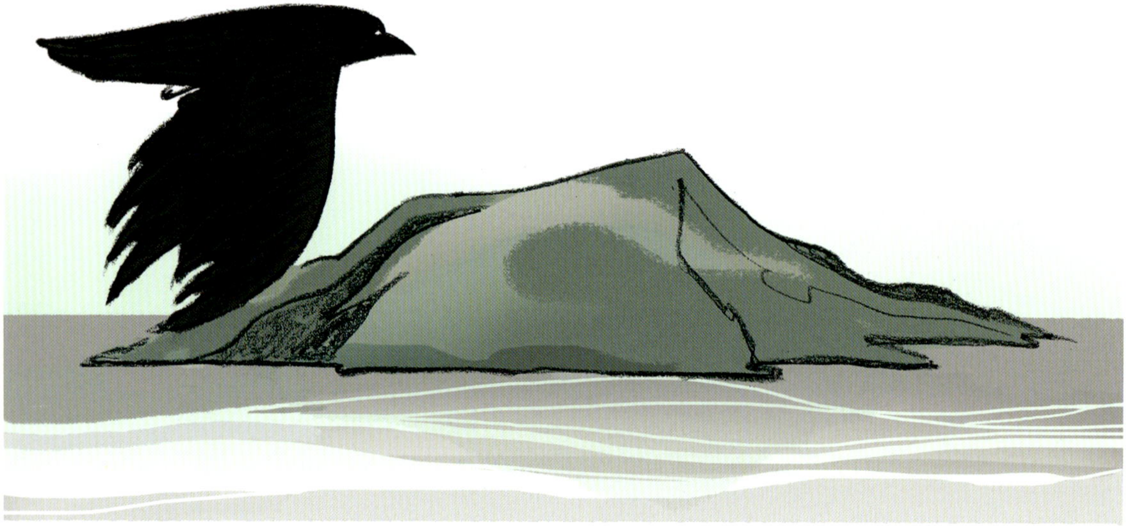

Cet homme n'a manifestement pas l'étoffe d'un époux!
Longue vie à Brunehilde!
Hourra!
Hourra!
Y a-t-il encore quelqu'un pour penser qu'il peut me vaincre? C'est le moment pour lui de se faire connaître!
Oh, non, notre prince!
Ce n'est pas bon... Pas bon du tout!

VOUS ÊTES UN MONSTRE!
Votre frère a accepté les règles du combat! Ma main ou sa tête!
VOUS ALLEZ ME LE PAYER!
Alors? Quelqu'un d'autre voudrait contester les règles?
GRÂCE, MADAME!

Le type d'aujourd'hui m'a fait très peur !
Oui, c'était assez inattendu.

Je suis si heureuse qu'il ne t'ait pas vaincue.
L'homme qui y arrivera n'est pas né !

Promets-moi de vite arrêter ce jeu dangereux. Qui sait s'il n'est pas déjà né ?

TOC!
TOC!
Reine Brunehilde ?
Un moment, j'arrive!
Je suis désolé de vous importuner, Madame, mais un navire est en vue.
Déjà ?! Ils n'en ont donc jamais assez ?
Arrête ces combats dont tu es l'enjeu, s'il te plaît!
Seulement lorsque ces hommes cesseront d'essayer de me soumettre!
Un bâtiment burgonde.
Un roi arrive pour vous!
Roi ou pas, ça m'est égal, tant qu'il sait se battre!

Reine Brunehilde, voici le roi Gunther de Weltz, fils de Dankwart et souverain de Burgondie.
Voyez-vous ça… Et que vient chercher le roi de Burgondie ici, en Yslande ?
Je veux vous ramener en Burgondie et faire de vous mon épouse. Nul besoin de nous battre, il vous suffit de dire oui, Madame !

Non, je le ferai!
C'est Siegfried de Santen, roi des Nibelungen, mon meilleur guerrier.
Ah ah ah! Très original! Mais, je préfère rester mon propre maître! Me combattrez-vous, roi Gunther?
Le tueur de dragons? Tant mieux, le combat n'en sera que plus intéressant!
Mais sachez une chose, roi Gunther :
Si votre meilleur guerrier échoue, votre tête tombera aussi!
Un roi assez lâche pour laisser les autres se battre pour lui ne mérite rien d'autre!
Trêve de bavardages! Retrouvons-nous dans une heure, dans la cour intérieure!
Alors, toujours envie d'un duel à mort?
Peste, quelle femme!

Un peu plus tard

RAAAA!!!
KLANG!
KLING!

Rends-toi !
Jamais !
Mais, qu'est-ce qu'il fait ? Il avait pourtant le dessus !
Pas la moindre idée...

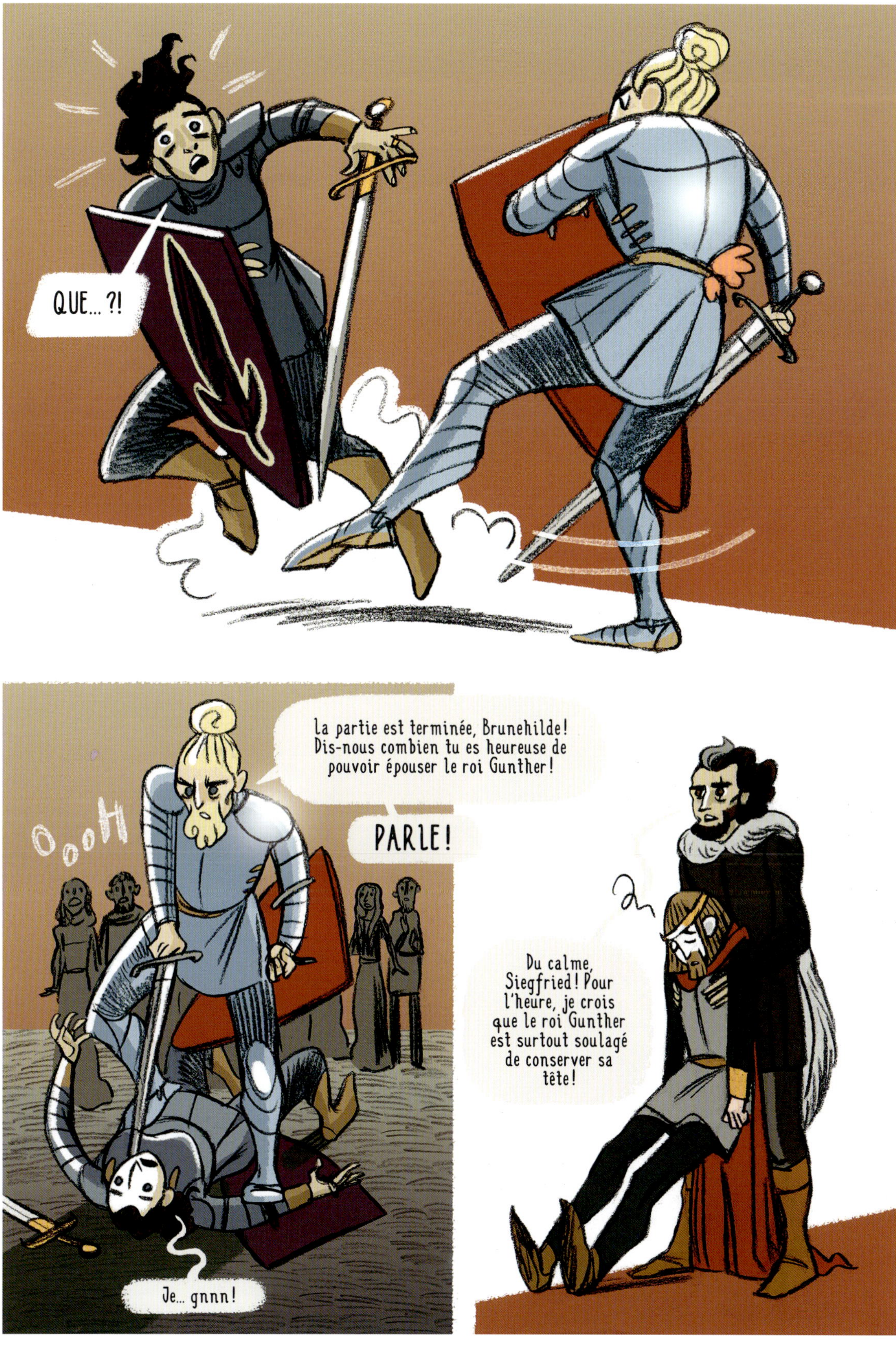
QUE... ?!
La partie est terminée, Brunehilde! Dis-nous combien tu es heureuse de pouvoir épouser le roi Gunther!
PARLE!
OooH
Je... gnnn!
Du calme, Siegfried! Pour l'heure, je crois que le roi Gunther est surtout soulagé de conserver sa tête!

La Burgondie est belle aussi, Madame! Et très accueillante.
La princesse Kriemhild sera ravie de devenir votre sœur.
La sœur d'un roi pleutre! La belle affaire! Je la hais déjà de tout mon cœur!
Et ce Siegfried aussi! Jusqu'à ce que mon corps se décompose!
Cela nous fait déjà un point commun.

Quelques semaines plus tard…

Permettez-moi de vous présenter ma fiancée, la reine Brunehilde d'Yslande!
Descendez donc, mon garçon!
Nous pourrons ainsi la saluer comme il se doit.
Bienvenue à Weltz! Je vais tout faire pour que vous vous sentiez chez vous... ma sœur!
C'est fort aimable, mais je ne suis et ne serai jamais votre sœur. Et, rassurez-vous : je ne me sentirai certainement jamais chez moi ici, non plus!

Si vous voulez bien m'excuser, le voyage a été long!
Laisse-la tranquille, Kriemhild, elle est complètement épuisée.
C'était incroyablement grossier!
Kriemhild! Ton mouchoir m'a porté chance!
Chers amis et parents, levons à nouveau nos verres!
Cette fois, à ma fiancée, la belle Brunehilde, bientôt reine de Burgondie!
Après une courageuse résistance, elle peut maintenant vivre heureuse dans notre beau pays...
... Avec moi, un roi, à ses côtés!

Mais je n'oublie évidemment pas mon ami Siegfried, qui m'a aidé à obtenir la main de cette superbe femme...
En gage de gratitude, je lui donne pour épouse une princesse burgonde : ma sœur Kriemhild !
PARDON ?!
Tu es un véritable ami, Gunther ! Je prendrai grand soin d'elle !
Félicitations et bienvenue dans la famille, mon frère !
Mais... je...
Tais-toi, c'est décidé !
À la Burgondie et aux Nibelungen, l'alliance la plus forte !
Santé !
À notre amitié et à nos femmes, les mariées les plus heureuses du monde !

Siegfried
Kriemhild
Gernaud
Giselher
Gunther
Brunehilde
Dankwart
Ute
Margarita ad Rhenum
La maison royale de Burgondie à Weltz

DING
DING-DONG!
DING-DONG!
DING-DONG!
DONG
Prête pour le départ, Kriemhild ?
Ce n'est pas vraiment une heureuse épousée...
Ai-je vraiment le choix ?
N'en fais pas un drame ! Souris, Siegfried t'en trouvera sûrement plus belle !

LONGUE VIE AU ROI GUNTHER !
HOURRA !
LONGUE VIE À LA REINE BRUNEHILDE !
LONGUE VIE AU PRINCE SIEGFRIED !
HOURRA !
HOURRA !
LONGUE VIE À LA PRINCESSE KRIEMHILD !

Puis-je encore faire quelque chose pour vous, Madame ?
Non, c'est bon. Tu peux te retirer.
Bonsoir, chérie !
Es-tu prête ? La nuit est encore jeune...
Faisons en sorte qu'elle soit inoubliable !

On va bien s'amuser !
Détends-toi un peu !
Aïïïe !!!

♫
Bonne nuit, majesté.
Et maintenant, la partie la plus agréable de cette journée!

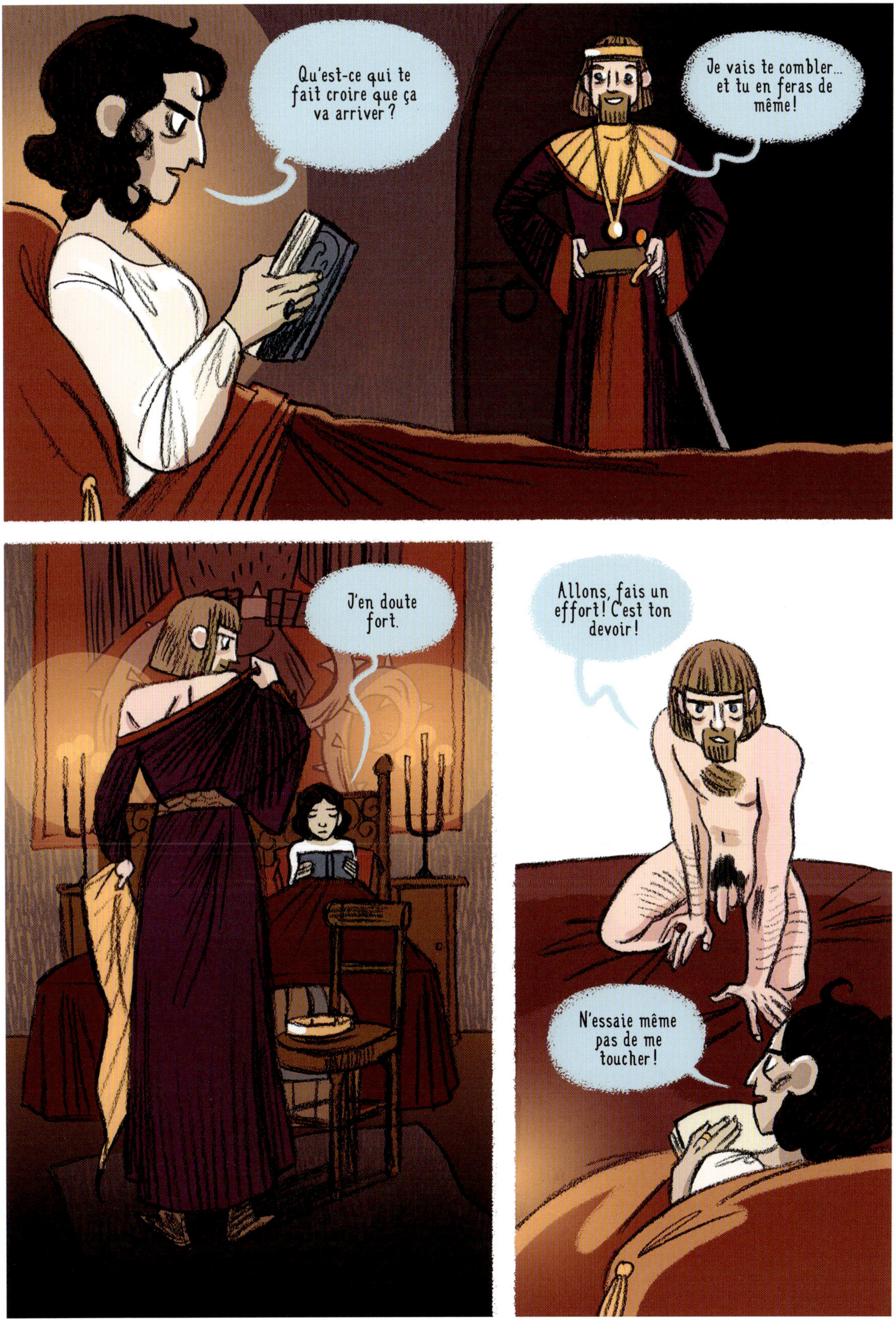
Qu'est-ce qui te fait croire que ça va arriver ?
Je vais te combler… et tu en feras de même !
J'en doute fort.
Allons, fais un effort ! C'est ton devoir !
N'essaie même pas de me toucher !

le lendemain matin

Vous jouez un jeu dangereux, Brunehilde! La vengeance de Gunther ne se fera pas attendre.
AH! Je n'ai pas peur de lui! Qu'il essaie encore de me toucher! Il me dégoûte!
Vous n'êtes pas obligée de l'aimer, mais pour votre bien, vous feriez mieux de lui obéir. Un Gunther satisfait est plus facile à manipuler qu'un Gunther frustré!
J'ai une mauvaise nouvelle, Hagen! C'est Siegfried qui tient Gunther, ni vous, ni moi!
Et cette stupide oiselle, là en bas, est tout aussi manipulée par lui. Regardez-la marcher! Plumée comme une oie, la mariée!
Pathétique, n'est-ce pas?

Bonsoir, ma mie!
Bonsoir, Gunther. Envie d'une autre nuit au plafond ?
Non, car ce soir, tu vas remplir ton devoir conjugal!
Et comment comptes-tu t'y prendre ?
Bonsoir, Brunehilde!
Siegfried ?! Que fais-tu ici ?
Il est venu me prêter main forte.
Il paraît que tu es un peu récalcitrante... Ce n'est pas très convenable pour une jeune mariée!

Tu l'as voulu !
Vas-y, je la tiens !
GUNTHER !!! NON !!
SALE GARCE !!!
AÏE !!!
Quelle furie ! Profites-en bien, Gunther !
Nooon...
Ne t'inquiète pas, j'y travaille...

C'était bon!
Merci, mon cher!
Tout le plaisir
était pour moi!
Viens, allons
boire un coup!
Volontiers!

Quelques semaines plus tard
Bon voyage, mon ami.
Montre-toi aimable et écoute tes beaux-parents.
Au revoir, mère.

Ne sois pas nostalgique, Santen est encore plus belle que Weltz!

Santen

Ma belle-fille! Une vraie princesse burgonde! Bienvenue!
Tu m'as tant manqué!
Attends d'entendre le récit de mes exploits!
Aaah, le bon air de Santen!
Pourquoi es-tu donc parti d'ici, alors ?
Je voulais vivre quelque chose de nouveau! Santen devenait trop petit pour moi.
Quelle chance d'être un homme et de pouvoir aller et venir à sa guise!

Au fait, mes frères t'ont-ils remis mon héritage ?
Ils voulaient le faire, mais j'ai refusé.
TU AS FAIT QUOI ?!
Comment as-tu osé ?
C'était deux fois rien !
Et alors, il était à MOI !
Crois-moi, tes frères et la Burgondie feront meilleur usage de cet argent que nous ! Nous n'en avons pas besoin, je suis l'homme le plus riche du monde !
Tu es QUOI ?

Mais enfin, Siegfried, vas-tu me dire où nous allons ?
C'est encore loin ?
Tu vas bientôt le découvrir. Un peu de patience..
Nous y sommes.
Tu te moques de moi ! Il n'y a rien, ici !

Une porte secrète dans un arbre ? C'est une plaisanterie ?
Clic !
Ne crains rien ! Un vieux nain nous attend.
Un arbre creux avec un escalier, un nain… Vraiment aucune raison d'avoir peur, en effet !
Bienvenue, à nouveau Siegfried !
Sans l'anneau, tu ne peux pas aller plus loin.
Ne t'inquiète pas, je le porte ici à mon doigt. Mais tu te souviens de moi, n'est-ce pas, Albéric ?
Bien sûr que je me souviens de toi ! Mais le porteur de l'anneau est l'unique propriétaire du trésor !
Quel trésor ?

Celui-ci!
WAAAAAH!!!
Je n'ai jamais vu autant d'or à la fois de toute ma vie!!
Tu comprends maintenant à quel point les coffrets d'or de tes frères sont insignifiants?
Mais où as-tu eu tout ça?
Il appartenait à l'armée des Nibelungen.

Après avoir vaincu le dragon, deux rois Nibelungen sont soudain apparus. Ils se disaient propriétaires du trésor. Des types pas très agréables !
Tu les as tués ?

J'ai trouvé ça très ingrat de leur part et j'ai donc gardé le trésor pour moi.
Au début, je voulais partager le trésor équitablement, mais ils n'ont rien voulu entendre...
Et je suppose qu'ils n'auront plus jamais l'occasion de le réclamer, n'est-ce pas ?
Exact. Sans l'anneau, personne ne le peut, comme tu as pu le constater !

Un an plus tard...
Un fils ! Bien joué, les enfants ! Comment allez-vous l'appeler ?
Gunther, comme mon vieil ami.
Tout le portrait de Siegfried bébé.

la prochaine fois, un fils!

Gunther, qu'est-ce que tu tiens là ? Laisse-moi voir !
Un anneau !
WAAAH !

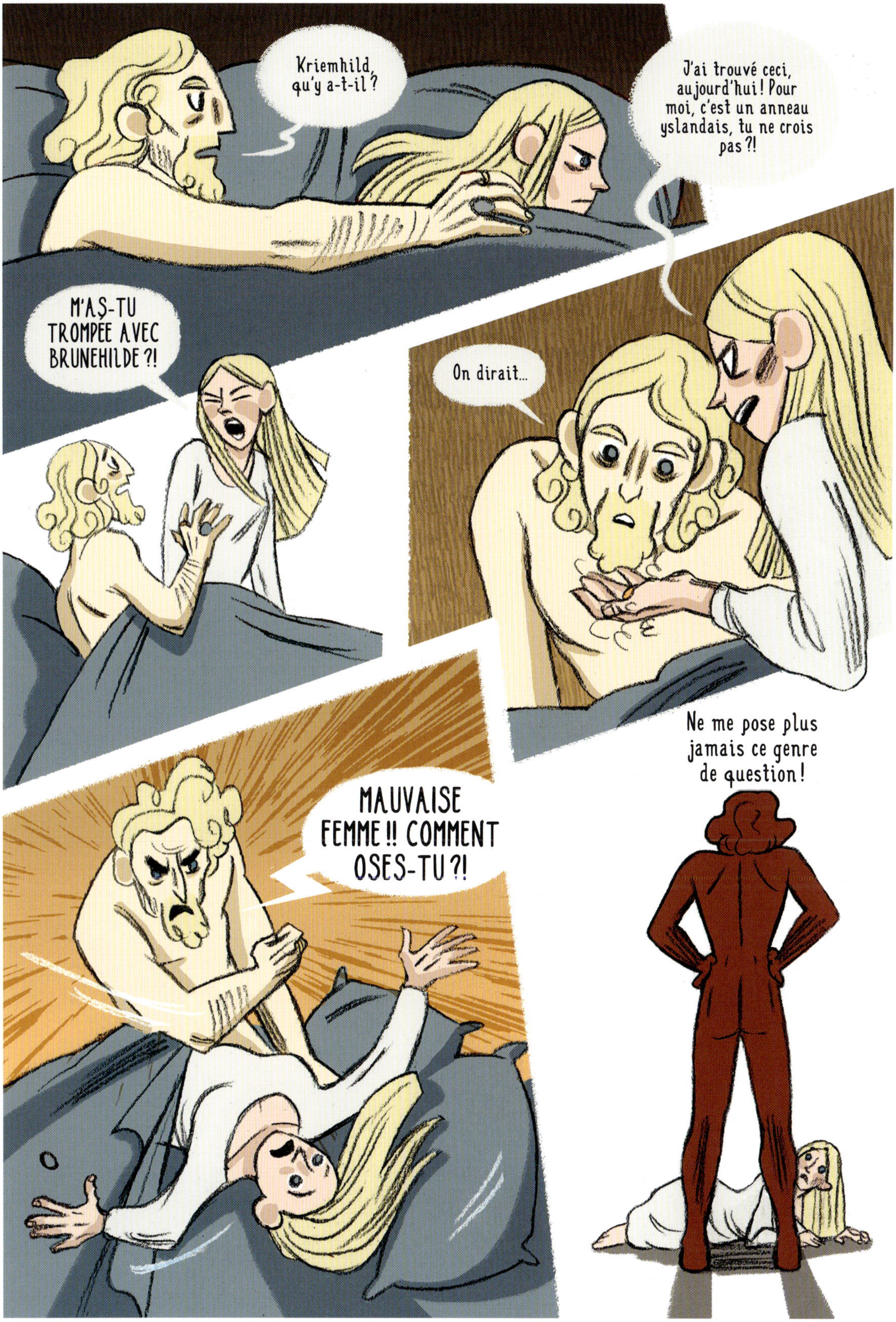
Kriemhild, qu'y a-t-il ?
J'ai trouvé ceci, aujourd'hui ! Pour moi, c'est un anneau yslandais, tu ne crois pas ?!
On dirait...
M'AS-TU TROMPÉE AVEC BRUNEHILDE ?!
MAUVAISE FEMME !! COMMENT OSES-TU ?!
Ne me pose plus jamais ce genre de question !

Il devrait bientôt marcher.
Et il est déjà si turbulent!
Kriemhild, que s'est-il passé?
Rien, je me suis cognée contre une porte.
Je connais ce genre de porte... Il y en avait toujours quelques-unes dans la chambre du père de Siegfried, jadis.
Kriemhild! Grande nouvelle!
Gunther nous invite à Weltz! Fais faire nos bagages, nous partons dans quelques jours!

Ne t'inquiète pas, je veillerai sur lui.
À ton retour, nous parlerons de la succession au trône.

Les voilà! Enfin un peu de joie à Weltz!
Bienvenue à nouveau! Vous nous avez manqué!
À votre visite et à tout le plaisir que nous y prendrons, Siegfried!

Quel dommage que tu n'aies pas pu emmener le petit Gunther ! Je vois si rarement ma petite-fille.
Comment ça ?
Si vous voulez bien m'excuser un moment.
Brunehilde la tient à l'écart de toi ?
J'en ai l'impression, oui...
Je vais aller lui parler, mère.
S'il te plaît, n'en fais pas encore toute une affaire, Kriemhild !

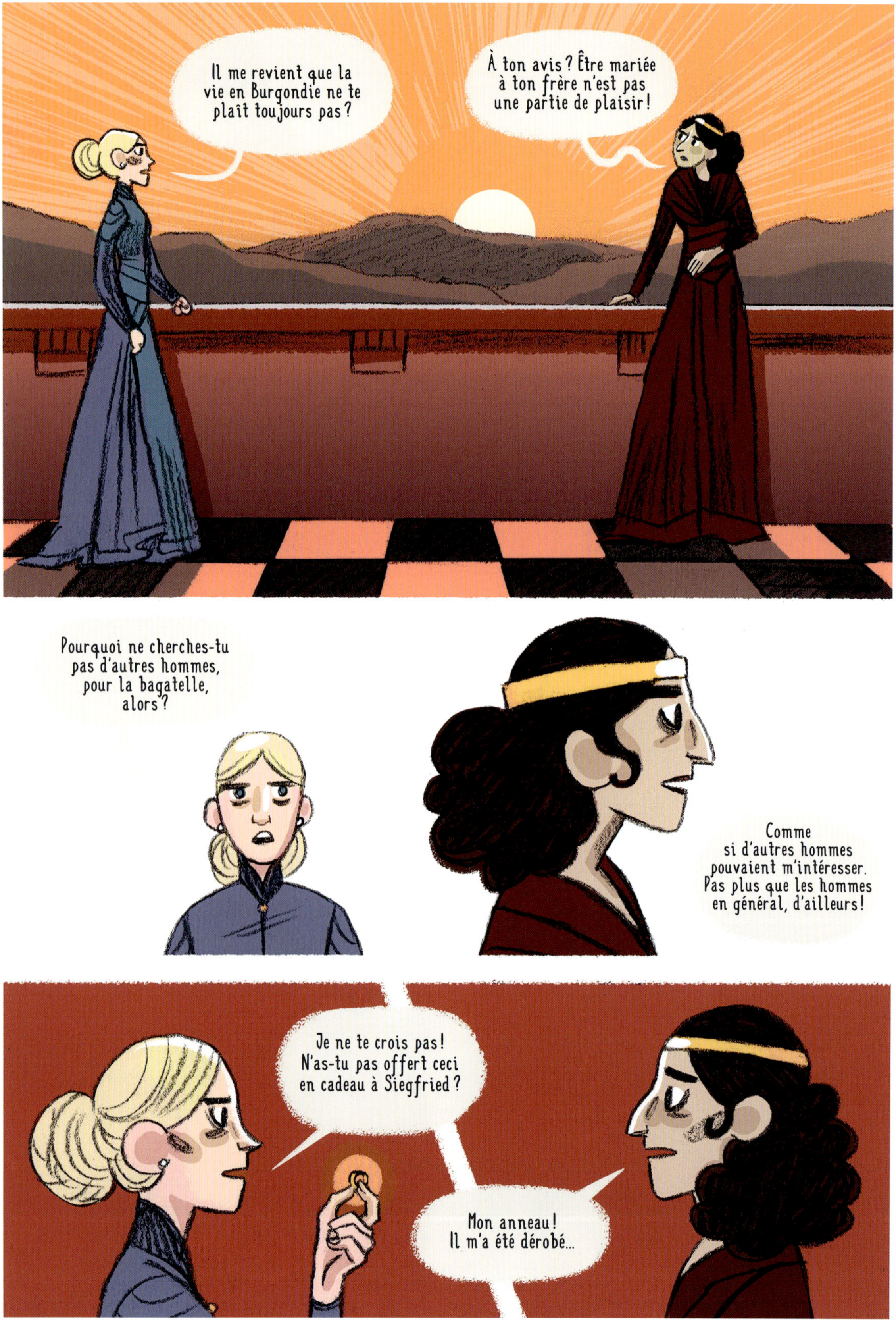
Il me revient que la vie en Burgondie ne te plaît toujours pas ?
À ton avis ? Être mariée à ton frère n'est pas une partie de plaisir !
Pourquoi ne cherches-tu pas d'autres hommes, pour la bagatelle, alors ?
Comme si d'autres hommes pouvaient m'intéresser. Pas plus que les hommes en général, d'ailleurs !
Je ne te crois pas ! N'as-tu pas offert ceci en cadeau à Siegfried ?
Mon anneau ! Il m'a été dérobé...

Par Siegfried et ton couard de frère! Ils m'ont forcée tous deux à avoir des relations conjugales et ensuite, Siegfried m'a pris l'anneau, comme souvenir, je suppose!
AÏE!
LANGUE DE VIPÈRE! TU MENS!
CLING!
Je vous avais pourtant prévenue, Brunehilde!
Tu savais de quoi ce fou de Gunther était capable et tu n'as rien fait!
Ce n'est pas possible!
Ce ne sont pas mes affaires!
Je suis le conseiller de Gunther, pas sa nourrice! Seule m'importe la prospérité de la Burgondie. Ce que vous faites dans la chambre à coucher ne me concerne pas!

Et ce que fait Siegfried ? Tu ne t'en soucies pas non plus ?!
Bien sûr que si ! Gunther n'est que trop heureux de remettre les rênes de la Burgondie entre ses mains !
Et que comptes-tu faire ? Rester assis à attendre de perdre tout pouvoir dans ce pays ?
Pas si je peux l'empêcher !
Alors j'ai une bonne nouvelle pour toi : tu le peux !
Je ne suis pas certaine de vouloir entendre ça...
Alors, sors d'ici et laisse faire les grands !

Nous allons régler ça, n'est-ce pas, Hagen ? Ce ne sera pas à ton détriment.
Comme vous le souhaitez, Madame.

Je vais chasser avec Gunther et Hagen !
Où vas-tu ?
Sois prudent...
Ne te fais pas de souci, nous nous protégerons mutuellement !

Vous avez vu celui-là ?!
Il est à moi !

Gernaud
Siegfried
Kriemhild
Giselher
Gunther
Brunehilde
Dankwart
Ute
Margarita ad Rhenum
La maison royale de Burgondie à Weltz

libre…
JE SUIS LIBRE !

L'ANNEAU!
OÙ EST L'ANNEAU?!
De quoi parles-tu?
De ce petit anneau d'or des Nibelungen! Celui que Siegfried portait toujours!
Aaaah! CET anneau! Maintenant que tu en parles...
... Hagen le voulait absolument, comme prix de ses services!

HAGEN!!!

ESPÈCE DE SALE TRAÎTRE!!!

Venez voir! Quelqu'un nous fait cadeau d'un vrai trésor!
Retournez en enfer, femmes du diable! Allez compter votre or au fond du Rhin!

Non pas que cela fasse une grande différence, en fin de compte!
Ne t'inquiète pas, cher Hagen de Tronje, nous le ferons, nous avons tout le temps pour ça!
Et si nous pouvons te donner un conseil : méfie-toi de la femme que tu as volée.

Kriemhild ?
Bonjour, Hagen.
La nuit a été longue ?

QU'AS-TU FAIT DE MON OR ?
Votre or ? l'or appartient au possesseur de l'Anneau des Nibelungen ! Il est à celui qui s'en empare ! Et j'ai été plus rapide que vous !
Il m'était destiné ! Mes frères m'ont déjà volé un héritage ! Rends-moi le trésor !
Pas question ! Maintenant, la Burgondie a réellement un trésor de guerre.
Grâce à un trésor que tu m'as volé !
Tu devras payer pour tout ça !

Pourquoi ne retournes-tu pas auprès de ton enfant ?
Comment pourrais-je à nouveau regarder les parents de Siegfried dans les yeux ?
C'était un accident tragique, Kriemhild !
Un accident dans lequel Hagen a confondu Siegfried avec un cerf ? Et où Gunther est resté là, à regarder ?
Tu ne peux pas amener le garçon ici ?
Tu crois vraiment que je peux le réclamer ?
C'est le seul héritier qu'il reste à Santen ! Je n'ai aucun droit sur l'enfant, et je ne crois pas que Hagen risquera une guerre pour lui !

Elle ne va plus jamais nous parler ?
Pourquoi le ferait-elle ? Et qu'avons-nous à lui dire ?

Été
Tadaa!
Taraaa!
Tadaa!

Taaa!
Tadaa!
Taraa!

Toc!
Toc!
Entrez!
Vous êtes attendue dans la salle du trône, Madame.
Très bien, j'arrive.
Sa Majesté, Dame Kriemhild, Princesse de Weltz et veuve du Prince Siegfried de Santen...
C'est bon, petit. ça n'intéresse personne!
Ma très chère petite sœur! Quelle joie de te voir!
Arrête ta comédie, Gunther! Que veux-tu ?

Te présenter à notre invité, le prince Dietrich de Berne.
Je suis très honoré, Madame. Lorsque j'étais jeune, je suis déjà venu ici avec mon père…
Et avec mon maître d'armes, fidèle ami et ancien professeur, Hildebrand.
À votre service, Madame!
En effet, je m'en souviens! Bienvenue à Weltz.
Merci! Mais je suis ici au nom de Sa Majesté le roi Attila, seigneur du royaume des Huns.
Il a appris votre terrible perte et vous demande humblement d'accepter de devenir la reine des Huns. Mon seigneur vous demande votre main.

Kriemhild! Quelle chance fantastique! Tu dois dire OUI!
Non, Gunther! Cette fois, c'est MOI qui décide avec qui je me marie!

Vous ne me sacrifierez pas une deuxième fois aux intérêts de la Burgondie!
Sire Dietrich, vous pouvez faire dire à votre roi que c'est avec plaisir que je l'épouserai! ET je serai ravie de quitter Weltz en votre compagnie, cette semaine encore.

Qu'ai-je encore à faire ici, Mère ? Mon mari est mort et je ne reverrai jamais mon enfant.
J'aurais aimé que tu fasses un autre choix…
Mais le royaume des Huns est si loin à l'est… là où vivent les Barbares !
Je suis heureuse qu'il soit loin, je n'aurai de la sorte plus jamais à voir Gunther et Hagen !
Je te comprends, même si ça me brise le cœur ! Sois heureuse, mon enfant !
Je le serai beaucoup plus à la seconde où je ne serai plus prisonnière, ici !

La voilà partie, Hagen. Chez les sauvages...
Vous n'auriez pas dû le permettre, Gunther !
Elle épouse un puissant seigneur de guerre.
Très loin d'ici ! Sois content qu'elle l'ait choisi elle-même, on n'aurait jamais pu trouver une meilleure solution, non ?

Des semaines plus tard...
Le château d'Etzel! Monseigneur attend certainement votre arrivée avec impatience!

Majesté, la princesse Kriemhild de Burgondie.
Madame! Bienvenue au château d'Etzel!

Merci, Messire.
J'espère que vous vous sentirez bientôt chez vous ici.

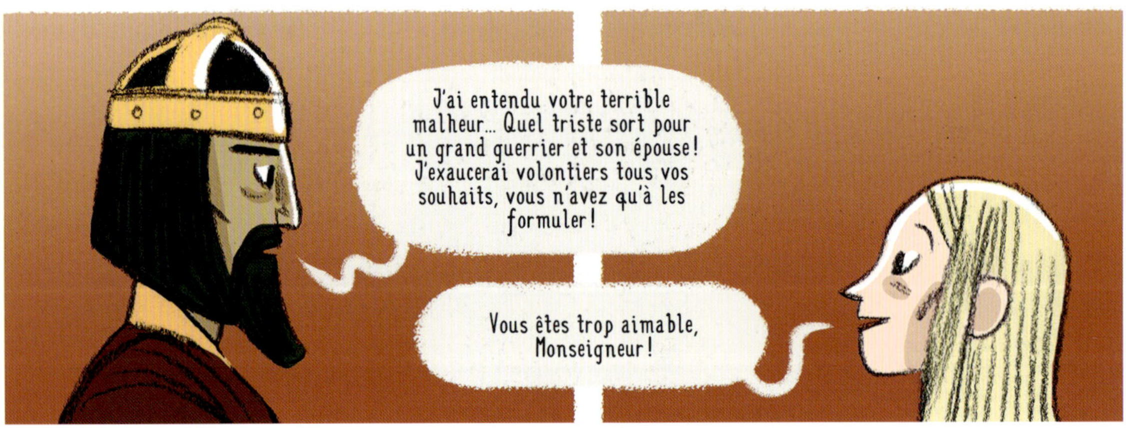
J'ai entendu votre terrible malheur… Quel triste sort pour un grand guerrier et son épouse! J'exaucerai volontiers tous vos souhaits, vous n'avez qu'à les formuler!
Vous êtes trop aimable, Monseigneur!

Je suis comblé que vous acceptiez de devenir ma femme, Madame!
J'en suis très honorée, monseigneur! Mais pourquoi moi?
Je suis un grand admirateur de la Burgondie et j'espère que vous apporterez un peu de son lustre ici.
lustre?! Comme vous voudrez, Monseigneur!
Avec une épouse burgonde, l'Occident se méfiera moins de moi, je l'espère... Mais assez parlé de ma personne, que puis-je faire pour vous, Madame?
Votre demande fera de moi une reine, c'est bien plus que ce que j'aurais pu imaginer, messire!

Quelques jours plus tard
Hourra!
Hourra!
Hourra! Vive le couple royal!
HOURRA! LONGUE VIE AU ROI!
HOURRA!

LONGUE VIE À LA REINE KRIEMHILD !
LONGUE VIE AU ROI ATTILA !
À la reine Kriemhild, ma belle épouse et la reine des Huns !
À vous, Madame !
Et à vous et au royaume des Huns, Monseigneur !

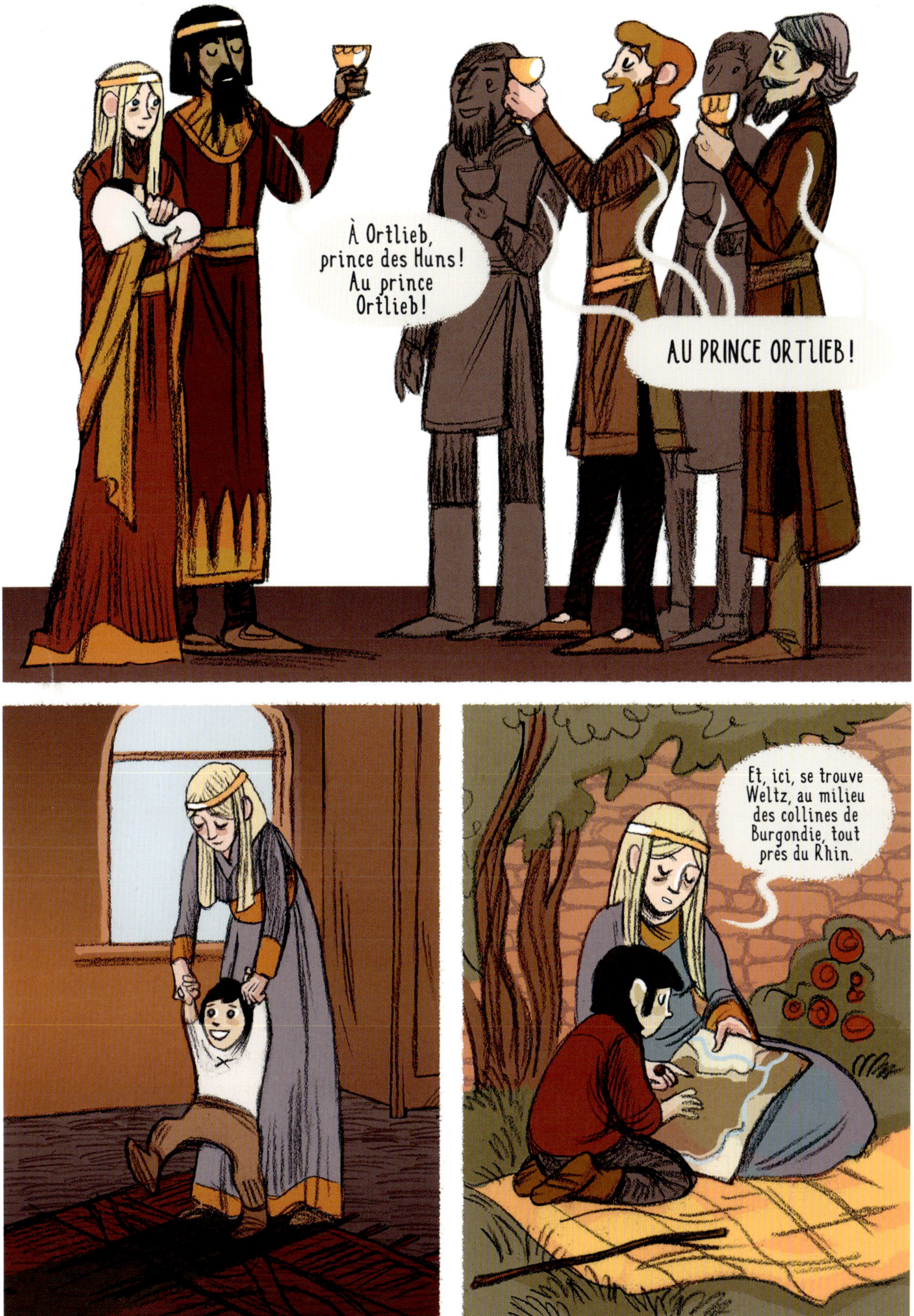
À Ortlieb, prince des Huns! Au prince Ortlieb!
AU PRINCE ORTLIEB!
Et, ici, se trouve Weltz, au milieu des collines de Burgondie, tout près du Rhin.

Mère, ne pourrions-nous pas aller en Burgondie, un jour ?
Il n'en est pas question !
Pourquoi pas ?
J'ai tiré un trait sur ma vie à Weltz et je n'ai aucune intention d'y retourner un jour.
Mais j'aimerais tant rencontrer Hagen, le grand héros !
HAGEN, LE GRAND HÉROS ?!
Qui t'a raconté cette bêtise ? Je dois à Hagen beaucoup des malheurs qui m'ont frappée !
Maître Hildebrand... Il le tient en très haute estime.

Assure-toi simplement de renvoyer le grand Hagen, sur-le-champ, lorsque tu seras roi de Burgondie, plus tard !
MOI ?! Roi de Burgondie !
Bien sûr ! Pour autant que je sache, Gunther n'a qu'une fille, jusqu'à présent... et une princesse ne compte pas dans la belle cité de Weltz.
Quand je serai roi, je te vengerai, mère !
Va d'abord étudier encore un peu, Hildebrand t'attend sûrement déjà !
Hagen de Tronje, malfaisant de Burgondie...
MEURS !!!

Ne devrions-nous pas inviter tes frères à l'occasion ? J'aimerais apprendre à les connaître.
Je ne pense pas que ce soit une bonne idée. Gunther n'est qu'un petit opportuniste, tu ne vas pas l'aimer !
Mais, Hagen, lui, sans doute. C'est un grand diplomate.
Ah, ça ! Un rusé renard, oui ! Je n'ai pas du tout envie de le revoir ni de revoir mes frères !
Quoi qu'il se soit passé entre vous, je trouve que l'entente entre nos pays est bien plus importante !
Mais, Attila...
La rancœur et l'hystérie féminine ne sont pas de bon conseil, je préfère ne pas les écouter. Invite-les donc, courtoisement !

Gunther, mon cher frère ! Plus de dix ans se sont écoulés depuis que j'ai quitté Weltz pour devenir reine dans ce beau pays des Huns.
Cependant, il n'y a pas un jour où je ne pense pas à toi et au reste de notre chère famille dans la lointaine Burgondie !
Parfois, la nostalgie du Rhin, de la charmante Weltz et de toi, mon frère, se fait sentir. Comme j'aimerais vous présenter mon cher fils Ortlieb, qui n'a malheureusement pas encore eu l'honneur de rencontrer les souverains de Burgondie ! Mon merveilleux époux, le roi Attila, aimerait lui aussi rencontrer ses beaux-frères, en personne, afin de resserrer les bonnes relations entre nos deux pays.
Je vous invite donc cordialement au château d'Etzel ! Avec tout mon amour, ta fidèle sœur, Kriemhild.

MÈRE! IL FAUT QUE TU VOIES ÇA!

Kriemhild nous invite au pays des Huns!
Chez les Barbares ?!

Ah, c'est bien, elle est restée une fille adorable!

Une fille adorable? Peut-être... mais elle n'aura rien oublié!
Je ne crois pas.

Dix ans ont passé. C'est bien assez long pour oublier et pardonner, même pour Kriemhild!
Dès qu'elle nous verra, la mémoire lui reviendra, une visite est trop risquée! Elle est maintenant reine avec une garde rapprochée!

Hagen! Cette enfant a le mal du pays, comment peux-tu être si injuste?
De plus, elle a un nouveau mari et un fils, elle n'a plus aucune raison de nous en vouloir!
Absolument! Mais je resterai ici, un tel voyage n'est pas indiqué pour quelqu'un de mon âge.

Le mal du pays! C'est absurde! On l'a sûrement contrainte!
Et ils tombent dans le panneau! Les imbéciles! Qui sait de quoi elle est capable après tout ce temps!

Quelques semaines plus tard
Heureuses de te revoir, noble Hagen de Tronje! Tu voyages contre ton gré, cette fois ?
Encore vous! Vous n'avez rien de mieux à faire? Vous avez déjà fini de compter l'or ?
Comme nous te l'avons déjà dit : nous avons tout notre temps!
Un siècle de plus ou de moins ne changera pas grand-chose!
Personne ne le reverra de sitôt.

Vous savez ce qui va se passer au pays des Huns, n'est-ce pas ?
Bien sûr, nous savons tout ! Tu veux que nous te racontions ?

Non, parce que vous parlez avec une langue fourchue !
Comme tu veux ! Qu'avons-nous à faire du sort des humains, de toute façon ?
Nous serons encore là quand tu seras depuis longtemps retourné à la poussière… Et dans ton cas, c'est pour très bientôt !
HA ! HA ! HA !

BIENVENUE AU CHÂTEAU D'ETZEL!
Roi Gunther de Burgondie! Quel honneur!
Merci, roi Attila!
Princes Gernaud et Giselher! Hagen de Tronje! Bienvenue!
Toute la bande est là... Même Hagen a fait le déplacement! Quelle audace!

Chers amis! Bienvenue en mon royaume! Mon épouse et moi sommes comblés par votre venue. Buvons à l'amitié entre la Burgondie et le royaume des Huns!
À nos deux pays et à l'amitié éternelle entre leurs peuples!

Quel est le but de cette comédie? la nostalgie du pays, vraiment?
JE ne voulais plus jamais vous revoir, hélas, mon époux en a décidé autrement!
Son autorité a donc, pour toi, plus de poids que celle de vos frères?
Tu es toujours là pour leur lécher les bottes! Profites-en tant que ça dure!
Ah bon, vous avez un plan pour y remédier?
Dès qu'Ortlieb sera roi de Burgondie, tu seras fini, Hagen!
Ortlieb, roi de Burgondie? Et comment cela se pourrait-il?
Gunther n'a qu'une fille, Ortlieb est donc le seul héritier mâle de Weltz!

VOUS FERIEZ MIEUX D'OUBLIER ÇA ! La Burgondie ne tombera jamais entre les mains des Barbares !
BAM !
C'est ironique ! Comme s'il n'y avait pas déjà des Barbares en Burgondie !
Prince Ortlieb, croyez-moi : je lutterai jusqu'à mon dernier souffle pour empêcher que cela arrive !
NE T'AVISE PAS DE MENACER MON FILS ! D'ici là, tu seras un vieil homme et tu ne pourras plus t'y opposer !
Très juste..

C'est pourquoi il me faut intervenir maintenant!
Hagen ?! Que comptes-tu faire ?
NOOOOON!!!
H... Hagen ! Le grand héros !
SAISISSEZ-LE !
Ortlieb, tiens bon, mon petit !
Hagen !!!
Tu es devenu complètement fou ?!

Mon fils...
VOUS MOURREZ TOUS POUR CELA !
NE LES LAISSEZ PAS S'ÉCHAPPER !!!
Courez, les gars! Nous devons trouver un abri rapidement!
PITIÉ, les Huns arrivent!
Pourquoi fallait-il que tu poignardes ce garçon à mort, maintenant ?!
PLUS VITE!

Par ici!
Tuez-les, mais ramenez-moi Hagen vivant!
Que chacun prenne une lance!
C'est notre seule chance!

Gernaud et Giselher... Dommage pour les deux frères innocents. Encore que... innocents ?
Croyez-vous vraiment que vous aurez l'occasion de le lui raconter ?
Oh non ! Comment allons-nous annoncer ça à mère ?!
C'est exact, Hagen !
VOUS SEREZ PENDUS !
NON, ATTILA ! Laisse-moi faire ! Je suis loin d'en avoir fini avec eux !

Nous avons encore un compte à régler!
Kriemhild, douce sœurette, que vas-tu faire?
HAGEN! Tu as tué mon époux, assassiné mon fils et volé mon or! Tu peux encore réparer cette dernière faute: OÙ EST LE TRESOR DES NIBELUNGEN?
Ts, ts, ts... la cupidité est un vilain défaut!
Disons qu'il est quelque part où vous ne le trouverez jamais!
Je n'ai pas l'intention de le chercher! Tu vas tout de suite me dire où il se trouve, ou bien tu es déjà mort!
Vos menaces ne servent à rien, je ne sers que le roi de Burgondie et je défendrai son or tant qu'il vivra!
OH! C'est donc ça?

Je peux facilement remédier à ce problème !
Et voilà ! le roi à qui tu as juré fidélité n'est plus !
Je répète : OÙ EST MON OR ?
La petite princesse qui voulait être reine... Ah, tout avait pourtant si bien commencé... et maintenant regarde-toi : tu es devenue complètement folle !

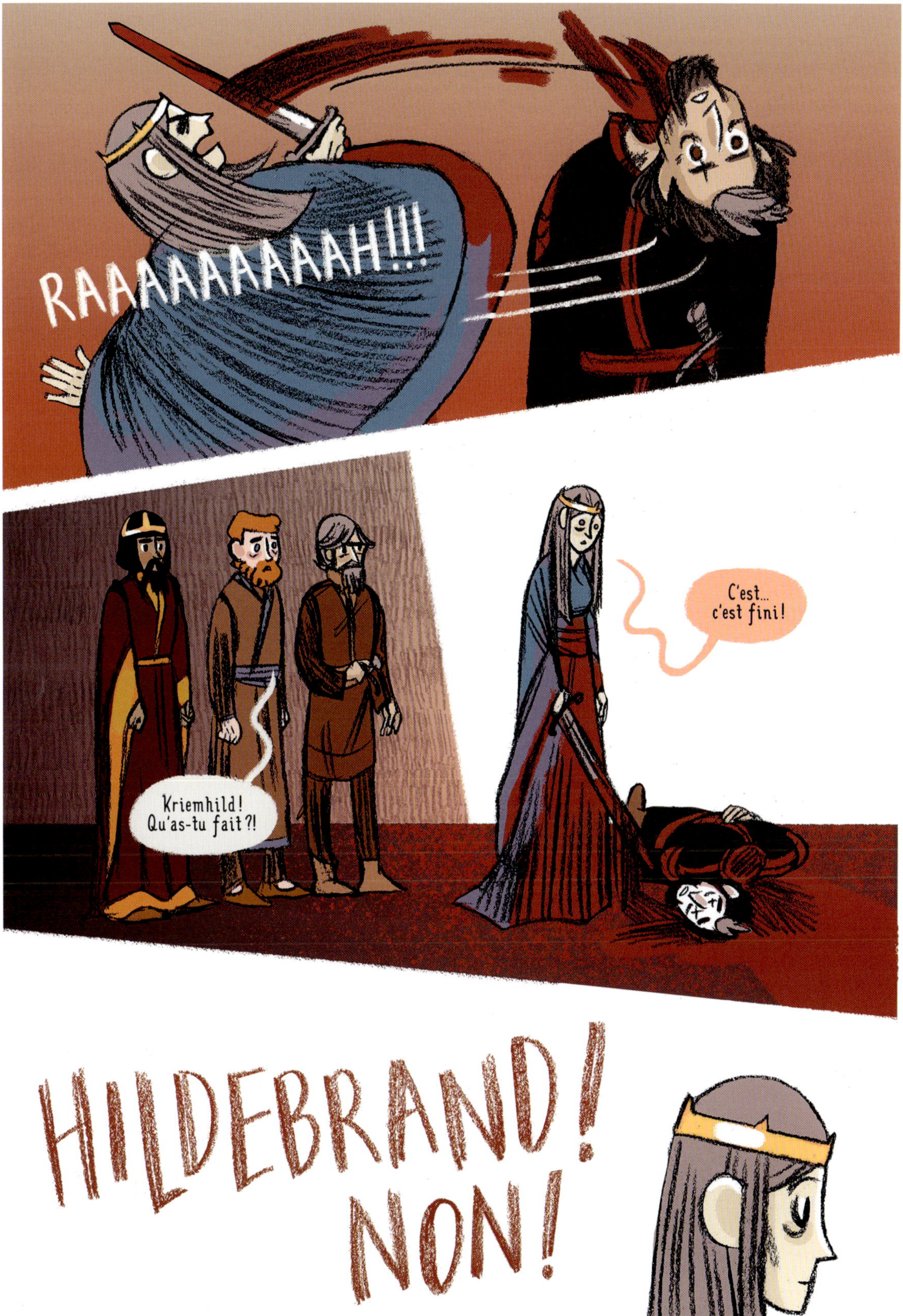
RAAAAAAAAAH!!!
Kriemhild! Qu'as-tu fait ?!
C'est... c'est fini !
HILDEBRAND ! NON !

Hildebrand, pourquoi as-tu fait ça ?!
Une femme ne peut tuer un héros !
Gnn...

libre...

libre.

Enfin libre!

Siegfried
Kriemhild
Gernaud
Giselher
Gunther
Brunehilde
Dankwart
Ute
Margarita ad Rhenum
La maison royale de Burgondie à Weltz

Quelques mois plus tard...
Viens, Hilda ! Nous partons à présent !

Attends un peu, mère!
Qu'y a-t-il ?
Que va-t-il arriver à grand-mère Ute ?
Elle n'a plus personne. Si nous partons, nous aussi, elle sera complètement seule!
Ne t'inquiète pas pour elle...
C'est une dure à cuire!

Adieu, grand-mère !
Elle s'en sortira !
Prête ?
Oui ! Qu'allons-nous faire en Yslande ?

Je vais t'apprendre à lancer le javelot...
à monter à cheval...
à tirer à l'arc...
et à penser par toi-même.
Bref, tout ce qu'une femme devrait pouvoir faire dans ce monde!
C'est merveilleux, mère!

FIN

Les Nibelungen – un mot d'explication

Le *Nibelungenlied* est une épopée héroïque germanique du XIIIe siècle, omniprésente dans la culture allemande. Pour ne citer que deux célèbres adaptations, Richard Wagner s'en est inspiré pour composer son célèbre cycle musical, en 1853, et Fritz Lang a réalisé un film muet du même nom, en 1924. Pendant la Seconde Guerre mondiale, les références à la saga ont été nombreuses, comme la ligne Siegfried, nom donné par les Alliés au mur de défense ouest de l'Allemagne. Dès le début, les interprétations en ont été multiples. L'épopée a, d'une part, été utilisée par un régime monstrueux pour glorifier la race aryenne, d'autre part, elle a servi d'inspiration à l'écrivain J.R.R. Tolkien pour *Le Seigneur des anneaux*. Aujourd'hui encore, l'histoire captive l'imagination, en partie parce que les thèmes de la loyauté, de l'oppression et de la vengeance sont éternels. Dans le domaine des arts, le *Nibelungenlied* reste une source d'inspiration inépuisable et tous les Allemands en connaissent les principaux personnages.

Pour *Hild*, je me suis basée sur l'histoire médiévale et non sur l'épopée consacrée aux dieux nordiques que Wagner a transposée sous forme musicale. La version que j'ai choisie comme point de départ comprend le dragon, l'anneau, le trésor des Nibelungen et l'effroyable chute du royaume burgonde. Dans le passé, elle était racontée principalement du point de vue des protagonistes masculins, avec pour personnages principaux Siegfried, le héros, et Hagen, le traître sournois.

Kriemhild et Brunehilde, quant à elles, se distinguaient surtout par leur beauté, leur entêtement et leur hystérie. Pour mon livre, j'ai tordu cette vision classique : ici, l'accent est mis sur elles. Leur histoire et leur expérience sont au premier plan : comment se situent-elles par rapport aux règles et aux hiérarchies dans un monde d'hommes où la liberté de choix et de mouvement des femmes est limitée ? Cela m'a fascinée et m'a conduite à adopter la perspective narrative décrite dans *Hild*.

J'ai supprimé un grand nombre de personnages -notamment dans l'entourage de Gunther et d'Attila- et n'ai laissé que ceux dont les actions sont indispensables, car contribuant à déterminer le cours de l'histoire. De ce point de vue, j'ai respecté la version originale : Siegfried vainc toujours le dragon, Hagen vole le trésor, Kriemhild tue ses ennemis et, oui, le maître d'armes Hildebrand met fin au carnage en la tuant, comme dans l'épopée originale !

Là où je me suis un peu lâchée, c'est dans les noms des lieux. Les Burgondes de la saga vivent à Worms, mais j'ai préféré le pittoresque Burg Eltz comme modèle pour leur résidence. Les deux noms ont été fusionnés en Burg Weltz. De Xanten, j'ai fait Santen, car il n'était pas intéressant pour moi de travailler sur une représentation authentique de la ville. De même, un rendu historiquement correct de l'architecture et de l'intérieur n'était pas une priorité pour moi, de sorte que *Hild* se passe dans un cadre médiéval plus fantastique qu'authentique, et sans dates précises.

Avec *Hild*, j'ajoute ma propre version d'une épopée ancienne à une longue série d'adaptations variées. Avec ma touche contemporaine et excentrique, j'espère ainsi jeter un pont vers le présent. J'espère que vous apprécierez ! À la vôtre !

Veerle Hildebrandt, mars 2023

♥
Pour mon père allemand, qui avait l'habitude d'appeler mon premier amour -avec de belles boucles blondes- *Jung Siegfried*. Je pense qu'il ne s'est jamais souvenu de son vrai nom.

Merci à Ann et Johan pour cette opportunité et tous les conseils.

Et à Per, pour avoir cru en moi et pour tout le soutien que je pourrais souhaiter.

Première édition — 02/2025

Dépôt légal : D/2025/14.329/3
ISBN : 978-2-931105-36-8

Mise en page : Jean-Michel Meyers.
Traduction : Philippe Nihoul

Cet ouvrage a été imprimé en Belgique par Delabie S.A.

Titre original : *Hild : De vrouwen van de Nibelungen*

ANSPACH
www.editionsanspach.com

La Burgondie
au temps
des Nibelungen
Yslande
Mer du Nord
Saxons
Santen
Francs
Weltz
Moselle
Rhin
Rhône
Berne